AU COIN

DU FEU

COMÉDIE EN UN ACTE

PAR

MME ROGER DE BEAUVOIR

REPRÉSENTÉE POUR LA PREMIÈRE FOIS A PARIS SUR LE THÉATRE DES VARIÉTÉS
LE 27 JANVIER 1855

Prix : 50 centimes

PARIS
LIBRAIRIE NOUVELLE
BOULEVARD DES ITALIENS, 15, EN FACE DE LA MAISON DORÉE

—

1855

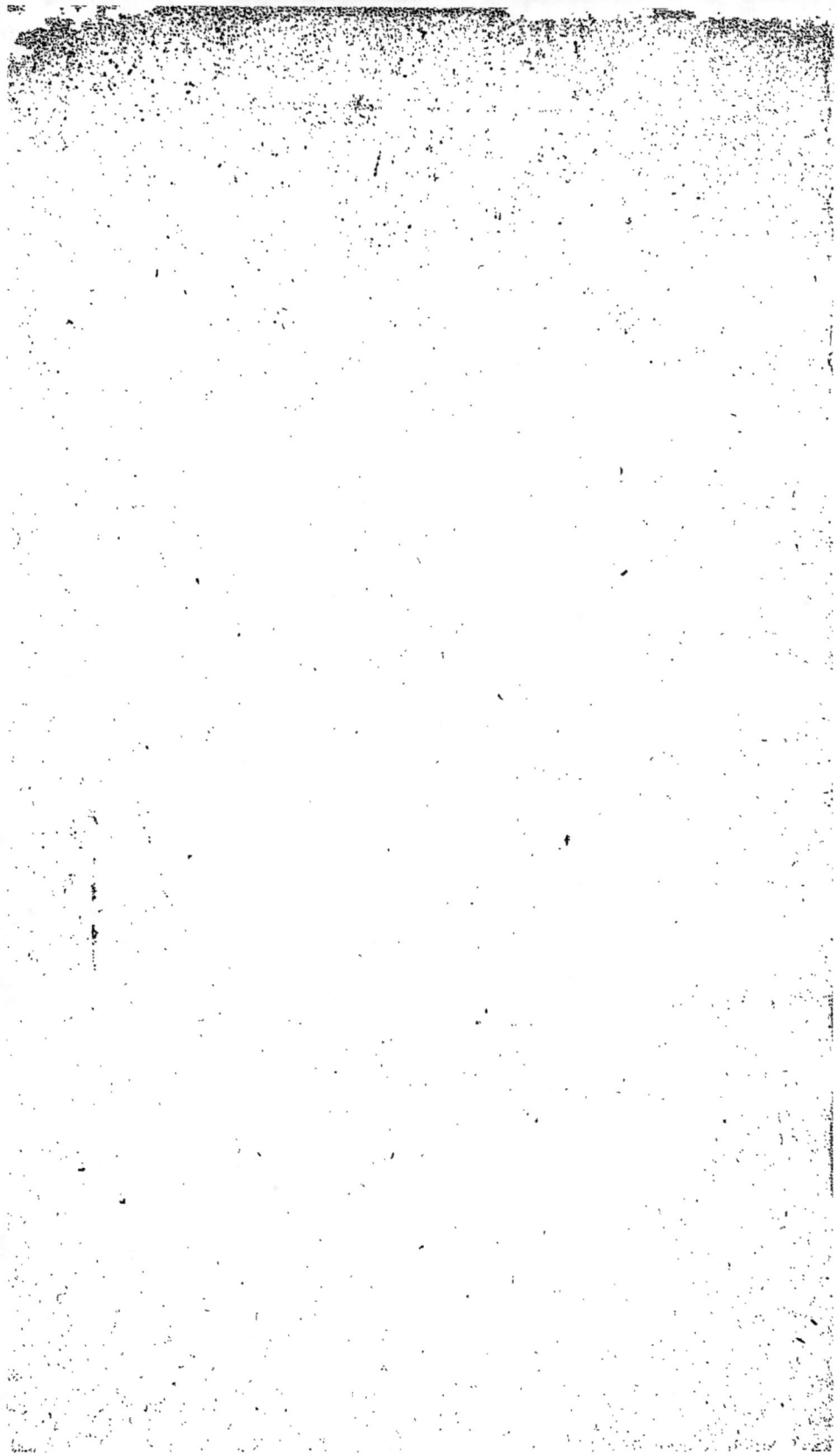

AU COIN DU FEU

COMÉDIE EN UN ACTE

PARIS — TYP. DONDEY-DUPRÉ, RUE SAINT-LOUIS, 46.

C.

AU COIN

DU FEU

COMÉDIE EN UN ACTE

PAR

Mr ROGER DE BEAUVOIR

PARIS

LIBRAIRIE NOUVELLE

BOULEVARD DES ITALIENS, 15, EN FACE DE LA MAISON DORÉE.

1855

PERSONNAGES

RAOUL DUTILLEUL, rentier. . . M. CACHARDY.

MARGUERITE DUTILLEUL. . . . Mlle CARA - FITZJAMES.

EDOUARD CHAUVILLAN. . . . . M. VILLETTE.

HORTENSE SOLANGES. . . . . Mlle BLUM.

JACQUES, domestique de Raoul. . . M. CHARRIER.

———

La scène se passe à Paris, en hiver.

————

Toutes les indications sont prises de la gauche et de la droite du spectateur. — Les personnages sont inscrits en tête des scènes dans l'ordre qu'ils occupent au théâtre. — Les changements de position sont indiqués par des renvois au bas des pages.

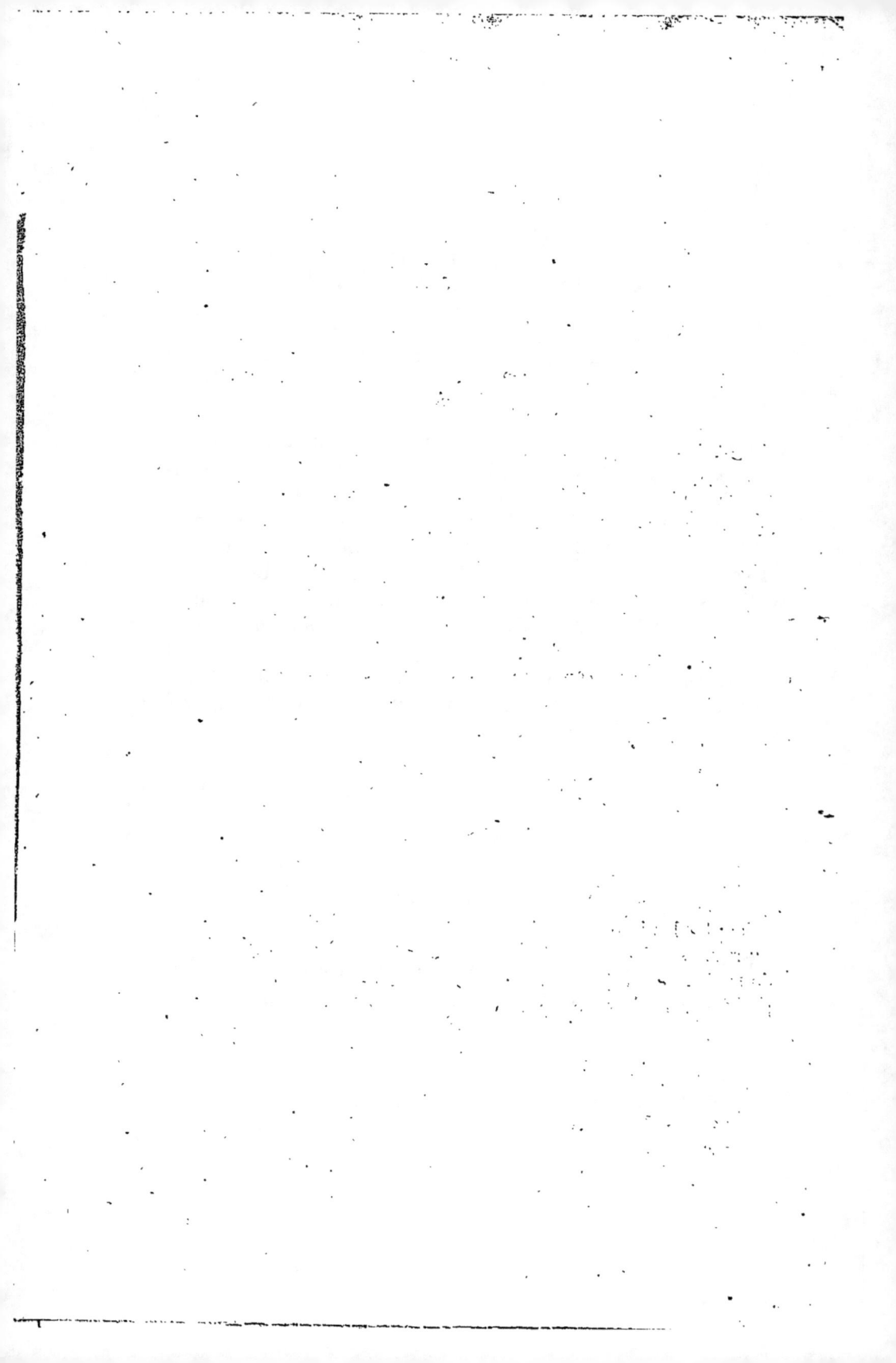

AU COIN DU FEU

Le théâtre représente un salon. — Dans le fond, sur la droite
et la gauche, deux fenêtres, lesquelles font vis-à-vis aux fenêtres de la maison en face. — A droite et à gauche, deuxième
plan, portes latérales. — Une autre porte à droite, premier
plan. — Entre les deux fenêtres, une cheminée avec pendule
et vases. — A gauche, premier plan, une console de Boule avec
potiches. — De chaque côté de la cheminée, un fauteuil; contre
celui de gauche, une petite table de laque avec corbeille à
ouvrage. — Sur le devant, à gauche, un guéridon sur lequel il
y a des brochures de modes; à côté du guéridon, un fauteuil.
— A droite, sur le devant, une causeuse avec un petit guéridon à côté. — Cordons de sonnette à la cheminée.

SCÈNE PREMIÈRE

DUTILLEUL seul, assis sur la causeuse et rêvant ; puis JACQUES,
entrant avec mystère par la deuxième porte à droite.

JACQUES.*

Monsieur, monsieur!... (Il regarde autour de lui.)

* Jacques, Dutilleul.

DUTILLEUL.

Eh bien! quoi? qu'y a-t-il? Oh! mon Dieu, quels sombres regards! tu as l'air d'un Othello de cuisine à la poursuite d'une Desdémone d'antichambre.

JACQUES.

Monsieur est seul?

DUTILLEUL.

Tu le vois bien, imbécile.

JACQUES.

C'est que je craignais...

DUTILLEUL.

Après? Que de mystère... explique-toi.

JACQUES.

M. Dumont est venu.

DUTILLEUL, se levant.

Ah!

JACQUES.

Et il m'a chargé de dire à monsieur qu'il l'attendrait ce matin pour déjeuner...

DUTILLEUL, passant à gauche et regardant la porte de ce côté.

Parle plus bas, mon garçon.

JACQUES.[x]

Il serait bien entré, mais madame était là...

DUTILLEUL.

Oui, oui, je comprends.

JACQUES.

Le déjeuner est pour midi.

DUTILLEUL, avec crainte.

C'est bien, c'est bien.

JACQUES.

Tous les amis de monsieur y seront.

DUTILLEUL.

En voilà assez, en voilà assez.

JACQUES.

M. Dumont a ajouté que ce serait très-gai, très-amusant... très... Enfin, monsieur passera une joyeuse matinée.

DUTILLEUL, le poussant.

Va-t'en, va-t'en au diable, infernal bavard !

[x] Dutilleul, Jacques.

JACQUES.

Je tiens tant à ce que monsieur se divertisse un peu..
un si bon maître! un homme si doux, si humain, si...

DUTILLEUL.

Trêve d'éloges, coquin... je n'ai rien à te donner...

JACQUES, à part.

Ah!...

DUTILLEUL.

Or, la flatterie est une marchandise qui se vend au
comptant... et tu la places à fonds perdus.

JACQUES.

Je laisse monsieur. (Il sort par la deuxième porte à droite.)

DUTILLEUL, seul.

Cher Dumont, il pense toujours à moi... Quel excellent ami!... Le plaisir entre-t-il chez lui, tout aussitôt il
accourt et m'en offre ma part... la part du ci-devant lion.
(Allant s'adosser à la cheminée.) Moi, Raoul Dutilleul, j'ai fait
l'abandon de ma liberté, j'ai dit adieu aux rêves du passé,
et depuis dix-huit mois je vis sous la surveillance de la
haute police conjugale; oui, vraiment. — Ma femme est
un vrai sergent de ville... très-agréable, du reste, en
dehors de son service... taille ronde et flexible, pied mi-
gnon, jambe bien prise... et un regard... oh! un regard

qui vaut, à lui seul... trois juges d'instruction, huit greffiers et un escadron de gendarmerie. Ma maison est une bastille... je reçois chaque matin ma lettre de cachet... (Redescendant.) A ceux qui m'offrent une partie de campagne, un déjeuner ou un dîner, je réponds : Je ne sors qu'avec ma femme, je ne déjeune qu'avec ma femme, je ne dîne qu'avec ma femme. On me raille, on se moque de moi, je le sais... mon nom lui-même est tourné en ridicule... ce nom inoffensif de Dutilleul... on assure que ma femme me le fait avaler en infusion... Aucun de mes compagnons de plaisir ne pénètre ici... ils ont été déportés de cette contrée conjugale pour attentat aux mœurs... Pauvres amis ! Là, bien franchement, pourquoi me suis-je marié ? Ma foi, je n'en sais rien... si fait... je crois me rappeler que cette fantaisie absurde m'est venue à l'esprit un jour de spleen ; après avoir songé au suicide, de midi à trois heures... envisagé tous les genres de mort de trois à six, à neuf heures du soir seulement, je me suis décidé à demander en mariage mademoiselle Marguerite Belmont, jeune et charmante personne, qui m'était apparue sous la forme du suicide le moins désagréable... (Il s'assied sur la causeuse.) Enfin, par une nuit de septembre parsemée d'étoiles, nonchalamment étendu dans un riche salon des Frères-Provençaux, au bruit d'une fanfare bachique, entre l'ivresse et l'amour, le plaisir et l'amitié, j'adressai mes derniers adieux à la vie !... Ma mort fut un grand évé-

nement... Les femmes surtout me regrettèrent beau-
coup... car j'étais un viveur généreux... (Se levant.) Pas
une dette au bout du mois et du plaisir tous les jours...
Ah! c'était le bon temps... le temps des folles aventures,
des joyeux soupers, des faciles... amours! On se rencon-
trait la nuit aux flambeaux de l'orgie, verre contre verre,
et l'on se quittait aux premiers rayons du jour... Ah!...
Et cependant j'aime ma femme... oui, d'honneur, je la
trouve adorable... et, sans jalousie féroce, je serais le
plus heureux des maris... surtout si l'on me croyait in-
dépendant... Madame Dutilleul tarde bien à paraître...
c'est étonnant. Voilà trois quarts d'heure que je suis
seul... se lasserait-elle de sa surveillance continuelle?
Ah! comme j'en profiterais pour rejoindre Dumont...
Après tout, pourquoi pas?... Quand le diable y serait, je
puis me passer le plaisir innocent de déjeuner chez un
vieil ami... Allons, point d'hésitation... je suis prêt...
(Il ôte sa calotte de velours et la met sur le guéridon de gauche.) Par-
tons... (Il appelle.) Jacques!

JACQUES, * entrant par la deuxième porte à droite.

Monsieur?

DUTILLEUL.

Mon chapeau, mes gants!

* Dutilleul, Jacques.

JACQUES, étonné.

Monsieur sort?

DUTILLEUL.

Tu le vois bien.

JACQUES.

Monsieur sort tout seul?

DUTILLEUL.

Oui.

JACQUES.

Comme un grand garçon?

DUTILLEUL.

Impertinent!... Allons, vite...

JACQUES.

J'y vais, monsieur. (Il sort par la première porte à droite.)

DUTILLEUL.

Quelle heure est-il? (Il tire sa montre.) Midi... je n'ai pas de temps à perdre... on m'attend déjà... (A Jacques, qui rentre avec le chapeau et les gants.) C'est bien... donne... (Il les prend.)

JACQUES.

Monsieur va donc déjeuner en ville?

DUTILLEUL, avec impatience.

Oui.

JACQUES.

Que faudra-t-il dire à madame?

DUTILLEUL.

Rien... (A lui-même.) Je ne m'explique pas que Marguerite me laisse ainsi... Serait-elle sortie? Avant de partir,
je veux m'en assurer... Jacques.

JACQUES.

Monsieur.

DUTILLEUL.

Sais-tu où est madame?

JACQUES.

Dans sa chambre; elle s'habille.

DUTILLEUL.

C'est bien, va-t'en. (Jacques sort par la première porte à droite;
après sa sortie, Dutilleul se dirige vers la deuxième porte à droite, et s'arrête au moment de sortir.) Toute réflexion faite, ai-je raison
d'aller à ce déjeuner? Si je m'y ennuie, j'aurai des re-
grets... C'est très-fatigant, au moins, ces déjeuners de
garçons. On sort de là la tête lourde, le regard troublé,
la face enluminée. On est fort laid à voir. Ayant dépensé

tout son esprit entre deux vins, on est sot à faire pitié après boire. Franchement, je ne comprends l'orgie qu'aux grandes lumières, entre minuit et cinq heures du matin. Tudieu!... quelles images pour un disciple de Thémis... (Posant son chapeau sur la console de gauche et mettant ses gants dans sa poche.) Bah! je n'irai pas... Dumont dira ce qu'il voudra... peu m'importe... Décidément ma femme a des projets de coquetterie... Une heure à sa toilette... J'ai presque envie de l'aller surprendre... Ah! la voilà... (Madame Dutilleul en toilette entre par la gauche.)

SCÈNE II

MADAME DUTILLEUL, disposée à sortir, M. DUTIL-
LEUL.

DUTILLEUL.

Tu as une toilette charmante, ma bonne amie.

MADAME DUTILLEUL.

Tu trouves.

DUTILLEUL.

Est-ce que tu sors?

MADAME DUTILLEUL.

Il le faut bien.

DUTILLEUL.

Et où vas-tu?

MADAME DUTILLEUL.

Chez ma cousine, madame Duperron, qui me fait demander en toute hâte. J'ai dit à Jacques d'aller me chercher une voiture... de la sorte j'irai plus vite.

DUTILLEUL.

Cette toilette-là n'est pas faite pour un landau numé-
roté... mais rassure-toi, j'ai pensé cette nuit à t'offrir un
coupé... Oui, vraiment... je veux que tu aies voiture.

MADAME DUTILLEUL.

Ah! que tu es gentil!... Te plaît-il de m'accompagner
chez madame Duperron?

DUTILLEUL, avec embarras.

Je ne demande pas mieux... Il y a un siècle que je ne
l'ai vue, cette chère Amélie.

MADAME DUTILLEUL.

Un siècle? Nous avons dîné avec elle l'autre jour.

DUTILLEUL.

C'est vrai... en compagnie de trois femmes d'une lai-
deur de première classe... Tu les avais choisies, jalouse !...
C'est une personne d'esprit que ta cousine, au moins, et
de plus une très-jolie femme.

MADAME DUTILLEUL.

Oh ! je sais, monsieur, que vous ne tarissez pas d'éloges sur son compte.

DUTILLEUL.

Je lui rends justice.

MADAME DUTILLEUL.

Votre justice me déplaît.

DUTILLEUL.

Mais, ma chère amie...

MADAME DUTILLEUL.

Pour l'amour de Dieu, monsieur, ne vous étendez pas
davantage sur le mérite de madame Duperron... Vous
avez l'air d'une réclame.

DUTILLEUL.

Bon, te voilà jalouse de cette pauvre Amélie !

2

MADAME DUTILLEUL, allant à la cheminée. Dutilleul passe à gauche.*

Je ne suis point jalouse, monsieur, je tiens seulement à ne point être ridicule... J'ai parfaitement remarqué vos assiduités auprès de madame Duperron, et à partir d'aujourd'hui vous n'irez plus chez elle...

DUTILLEUL.

Mais...

MADAME DUTILLEUL, redescendant.

Telle est ma volonté.

DUTILLEUL.

Allons, ne te fâche pas... je ferai ce que tu voudras, tu le sais bien, je suis le plus docile des maris... Tiens, chère amie, je vais t'attendre au coin du feu... comme un goutteux septuagénaire... Es-tu contente? Réponds-moi donc, méchante. (En disant cela, il est allé à la cheminée et s'est assis sur le fauteuil de droite.)

MADAME DUTILLEUL, allant à lui.**

Bien vrai... tu ne sortiras pas?

DUTILLEUL.

Je te le promets.

* Dutilleul, Mme Dutilleul.
** Mme Dutilleul, Dutilleul.

MADAME DUTILLEUL.

Cela ne suffit pas.

DUTILLEUL.

Je te le jure.

MADAME DUTILLEUL.

A la bonne heure... D'ailleurs, il fait froid. On est si bien au coin du feu... les pieds chauds.

JACQUES, entrant par la deuxième porte à droite.*

La voiture est en bas.

MADAME DUTILLEUL.

Je descends... Jacques, apportez la robe de chambre de monsieur. (Jacques sort par la première porte à droite. — Elle prend la calotte et la met sur la tête de son mari. Et d'abord, mets ce bonnet, il te sied à ravir.

DUTILLEUL.

L'homme est né pour être coiffé !...

MADAME DUTILLEUL.

Là... est-il bien descendu sur tes oreilles ?

DUTILLEUL.

Je dois ressembler à une bougie sous l'éteignoir.

* Mme Dutilleul, Dutilleul, Jacques.

MADAME DUTILLEUL.

Tu es charmant ainsi. (Jacques apporte la robe de chambre.)
Maintenant, passe ta robe de chambre.

DUTILLEUL, se levant.

C'est bien chaud.

MADAME DUTILLEUL.

C'est ce qu'il faut.

DUTILLEUL.

Mais...

MADAME DUTILLEUL.

Je l'exige. (Elle aide Jacques à mettre la robe de chambre à Dutilleul. Jacques sort par la première porte à droite en emportant la redin-
gote de Dutilleul.* C'est bien... (Faisant asseoir son mari sur le fauteuil à gauche de la cheminée.) Étends-toi là, sur ce fauteuil, et
ne bouge pas... Je resterai une heure tout au plus... Ne
t'impatiente pas trop... Adieu, mon Raoul... adieu, mon
petit mari bien-aimé... tu ne sortiras point !

DUTILLEUL.

C'est convenu.

MADAME DUTILLEUL.

Adieu, adieu. (Elle sort par la deuxième porte à droite.)

* Dutilleul, Mme Dutilleul.

SCÈNE III

DUTILLEUL, puis HORTENSE.

DUTILLEUL, seul.

A-t-on jamais vu plus gracieux geôlier... Elle vous condamne à une heure de réclusion et vous quitte le sourire sur les lèvres... (Se levant.) Comme me voilà équipé ! Et ma femme me trouve charmant... Elle n'est pas difficile, en vérité... quelle tournure !... Ah ! si Dumont me voyait ainsi, il rirait de bon cœur... Est-ce bien là le Pâris de tant d'Hélènes ?... Voyons... si je lisais ? cela me distrairait... Mais où trouver un livre amusant ? ma femme me défend les romans, sous prétexte que c'est une lecture dangereuse pour l'innocence... Il faut que je dise à Jacques de me procurer un traité sur l'indépendance... (S'asseyant sur la causeuse.) En attendant, ma foi, je vais dormir, cela me désennuiera... (Il ferme les yeux.) Je gage que Dumont boit à ma santé... Brave garçon, il m'aime toujours... Il aura invité la petite Alphonsine, choriste de l'Opéra, une de mes veuves... Je l'ai énormé-

ment aimée, la petite Alphonsine!.... Elle m'a énormé-
ment trompé, la petite Alphonsine!... Si j'ai bonne
mémoire, mon rival était un petit provincial arrivé
d'Amiens; et, peu de temps après, il entrait par la petite
porte, tandis que je sortais par la grande... Comment
s'appelait-il donc, ce vaurien qui chassait sur mes terres
sans port d'armes et faisait la curée de mon gibier?...
Édouard... Édouard... Chanvillan... Oui... j'y suis...
Chanvillan... Ah! si je le retrouve jamais et qu'il ait
une femme jeune et jolie... gare à lui. (Il s'endort.)

UNE VOIX, en dehors.

Monsieur?

DUTILLEUL, sans se déranger.

C'est toi, Jacques?

LA VOIX.

Monsieur, monsieur?

DUTILLEUL.

Hein? qu'est-ce? Personne... je rêvais. (Il se rendort.)

LA VOIX.

Monsieur, répondez-moi.

DUTILLEUL.

On a parlé, c'est sûr. (Il cherche.) Rien. Ah çà, suis-je
fou?

LA VOIX.

Je vous en prie, daignez m'écouter.

DUTILLEUL, se levant.

Ah! pour le coup, je ne me trompe pas, oui, cette voix vient du dehors. (Il court à la fenêtre de gauche et lève le rideau.) Que vois-je? Une femme! c'est intéressant... Elle est charmante... Diable, c'est tentant... Que faire? Elle me sourit... Je ne puis pourtant pas rester ainsi, sous verre, comme un oiseau empaillé! Ma foi, advienne que pourra, je me risque! (Il ouvre la fenêtre et salue.) Madame, me direz-vous ce qui me vaut l'honneur d'une telle rencontre ?

HORTENSE, à la fenêtre en face.

Ah! monsieur.

DUTILLEUL.

Parlez, madame, parlez.

HORTENSE.

Maintenant que je vous vois, monsieur, je n'ose.

DUTILLEUL.

Suis-je donc si effrayant?

HORTENSE.

Bien au contraire, monsieur.

DUTILLEUL, à part.

C'est une femme de goût. (Il ôte son bonnet. Haut.) Vous êtes bien bonne, madame.

HORTENSE.

La confidence que je vais vous faire, monsieur, vous donnera sans doute mauvaise opinion de moi... Il est peu convenable, en effet, qu'une jeune fille avoue ainsi ses sentiments à un homme qu'elle ne connaît pas.

DUTILLEUL, à part.

Allons... Une bonne fortune de fenêtre à fenêtre... une déclaration d'amour en plein vent; et ma femme qui va revenir!

HORTENSE.

Apprenez, monsieur, que depuis un mois j'habite cette maison qui fait face à la vôtre; à toute heure, je vous vois à travers cette fenêtre.

DUTILLEUL, à part.

A quoi les architectes exposent la pudeur des hommes mariés!

HORTENSE.

Pas un de vos mouvements ne m'échappe.

DUTILLEUL, à lui-même.

Pas un! diable! Il est vrai que je suis assez gracieux.

HORTENSE.

Il n'y a qu'un instant j'ai vu sortir madame Dutilleul, et, après bien des hésitations, je me suis enfin décidée à vous appeler... Ah! monsieur, le désespoir seul pouvait me faire tenter cette démarche... Soumise à la tyrannie d'une tante qui me défend d'aimer, je ne saurais plus faire un pas sans éveiller ses soupçons et sa colère... En un mot, c'est une pauvre prisonnière qui s'adresse à vous.

DUTILLEUL, à part.

Ah çà, est-ce que le régime cellulaire s'introduit partout?

HORTENSE.

Oh! monsieur, prenez pitié de moi... prenez pitié de mon amour... il est sincère... et s'il me fallait y renoncer, je sens que j'en mourrais...

DUTILLEUL, à part.

Cette jeune fille a eu des relations criminelles avec quelque mélodrame du théâtre de la Gaîté.

HORTENSE, écoutant.

J'entends du bruit... on vient, on vient.

DUTILLEUL, à part.

Ah! mon Dieu, si c'était ma femme... je serais perdu!...

HORTENSE.

C'est ma tante... impossible de vous dire... Prenez cette
lettre, monsieur, et fermez vite votre fenêtre. (Elle jette
une lettre aux pieds de Dutilleul et ferme sa fenêtre. — Dutilleul ferme
aussi la sienne.)

DUTILLEUL, ramassant la lettre.

Voyons ce qu'elle m'écrit... (Regardant à droite.) Bon...
voilà ma femme... Que faire?... où cacher cette lettre?
(Il cherche.) Sur moi... Non, il y aurait du danger... Ah!
là, dans ce vase!... (Il la glisse dans le vase à droite, sur la cheminée.) Et maintenant remettons-nous et observons ma
consigne. (Il s'assied sur le fauteuil à droite, près de la cheminée.)

SCÈNE IV

DUTILLEUL, MADAME DUTILLEUL.

MADAME DUTILLEUL, entrant par la deuxième porte à droite, et
allant à son mari.

Je n'ai pas tardé, n'est-il pas vrai, mon ami? J'avais

hâte de te revoir, mon cher Raoul. Tu as eu une heureuse idée de ne pas sortir? Qu'as-tu fait pendant mon absence? (Tout en disant cela, elle se débarrasse de son chapeau et de son pardessus qu'elle pose sur la console.)

DUTILLEUL. *

Tu le vois, je t'ai attendue.

MADAME DUTILLEUL.

M'as-tu désirée?

DUTILLEUL.

La belle demande! est-ce que je ne te désire pas toujours? (A part.) Je joue les traîtres comme monsieur Chilly du théâtre de l'Ambigu.

MADAME DUTILLEUL, venant s'asseoir à l'autre coin de la cheminée.

Mon bon petit Raoul... je t'aime bien, va.

DUTILLEUL.

Et moi donc!

MADAME DUTILLEUL.

Sais-tu ce que me voulait madame Duperron?

DUTILLEUL.

Ma foi, non.

* Mme Dutilleul, Dutilleul.

MADAME DUTILLEUL.

Me consulter sur une toilette de bal... quelle coquette!
Je l'ai trouvée au milieu de fleurs, de dentelles et de
velours, l'arsenal de sa beauté... car elle est peu jolie en
négligé, ma chère cousine... une tournure commune,
une figure sans charmes... (Dutilleul éternue.) Qu'est-ce?

DUTILLEUL.

Rien.

MADAME DUTILLEUL.

Quant à de l'esprit, elle n'a que celui qu'on lui prête
et qu'elle ne rend jamais. (Dutilleul éternue.) Tu me parles,
mon ami?

DUTILLEUL, éternuant.

Non, non....

MADAME DUTILLEUL, étonnée.

Qu'avez-vous donc?

DUTILLEUL, se levant.

Mon Dieu! j'éternue...

MADAME DUTILLEUL, se levant aussi.

Ah! ah! vous éternuez...

DUTILLEUL.

Oui, c'est insupportable. (Il éternue de nouveau.)

MADAME DUTILLEUL.

Encore! Et où avez-vous gagné ce rhume-là, monsieur?...

DUTILLEUL.

Mais ici.

MADAME DUTILLEUL.

Vraiment, au coin du feu ?

DUTILLEUL.

Eh ! sans doute, au coin du feu.

MADAME DUTILLEUL.

Comme vous mentez agréablement, M. Dutilleul !

DUTILLEUL.

Mais...

MADAME DUTILLEUL.

Taisez-vous, monsieur.

DUTILLEUL.

Je t'assure...

MADAME DUTILLEUL.

Je ne vous crois pas.

DUTILLEUL.

Encore une fois...

MADAME DUTILLEUL.

Vous êtes sorti, monsieur.

DUTILLEUL.

Je te jure que je n'ai pas bougé de ce salon.

MADAME DUTILLEUL.

Vous m'avez trompée.

DUTILLEUL.

Demande à Jacques.

MADAME DUTILLEUL.

Jacques est votre complaisant... l'âme damnée, le premier ministre de vos désordres, vous achetez son silence et son dévouement, je le sais ; je ne suis entourée que de misérables gagnés par vous... Tenez, monsieur, vos procédés sont indignes !... (Elle s'assied près du guéridon de gauche.)

DUTILLEUL, allant à elle.

Ma bonne Marguerite.

MADAME DUTILLEUL.

Je ne suis plus votre bonne Marguerite, monsieur, je suis une pauvre femme méconnue, trompée, outragée. Laissez-moi, monsieur, laissez-moi... A dater de ce jour, tout est fini entre nous. Je vais chez ma mère, et là on saura me protéger, me défendre.

DUTILLEUL.

Contre vous-même, madame, contre votre caractère exécrable.

MADAME DUTILLEUL, se levant.

Contre vous, monsieur, qui m'avez rendue la plus malheureuse des femmes.

DUTILLEUL.

Ah! c'est trop fort. Oui, plaignez-vous, madame, je vous le conseille.

MADAME DUTILLEUL.

Oh! certes je me plaindrai. Je dévoilerai votre conduite, et, quoi que vous fassiez, je saurai où vous avez gagné ce rhume-là. Je ferai un éclat, je vous perdrai et même, s'il le faut, j'en appellerai à la justice.

DUTILLEUL.

Qui aura à statuer sur un rhume de cerveau avec circonstances aggravantes d'éternuements... Ce sera une cause originale.

MADAME-DUTILLEUL, remontant près de la cheminée.

Riez, riez, monsieur, cela vous sied à merveille, mais rira bien qui rira le dernier.

DUTILLEUL. *

Eh ! de grâce, madame, ne faites pas tant de bruit pour si peu de chose.

MADAME DUTILLEUL, redescendant.

Mais justifiez-vous donc, monsieur, justifiez-vous donc ! (Dutilleul éternue.) Ah ! pour le coup c'est trop fort ! (Elle va s'asseoir sur la causeuse.)

DUTILLEUL.

Eh ! morbleu... vous avez raison, madame, c'est trop fort... et tout ceci me fatigue, à la fin... Depuis dix-huit mois votre jalousie me poursuit avec un acharnement sans pareil... Je suis honteux de vivre ainsi sous le joug de votre despotisme... Cette existence m'est insupportable et je la brise... Oui, madame, moi aussi je pars.

MADAME DUTILLEUL, se levant.

Oh ! vous êtes libre, monsieur.

DUTILLEUL.

C'est bien heureux... et, par ma foi ! je profiterai de ma liberté... je reviendrai à mes amis, à mes habitudes, à mes plaisirs d'autrefois. Après tout, je ne me suis pas marié pour être mené en laisse comme un king-charles.

* Dutilleul, Mme Dutilleul.

Je n'ai pas renoncé au célibat pour entrer à la Trappe...
Dès ce soir je renais à l'indépendance, à la gaîté, au
bonheur... Je dîne à la Maison-d'Or, je soupe au Café-
Anglais, je place un écriteau au-dessus de mon nouveau
logement... et j'y mets : Cœur à louer, fraîchement dé-
coré... S'adresser pour les renseignements à mesdemoi-
selles Albertine, Alphonsine, Amanda, à toutes les déesses
de l'Olympe-Breda... Ah !

MADAME DUTILLEUL.

Je n'en entendrai pas davantage... Monsieur... je pars.
(Elle remonte près de la cheminée.)

DUTILLEUL.

Et moi, je décampe... Par dieu... je parlais de vous
donner voiture, madame, mais c'est une voiture de dé-
ménagement qu'il nous faut... Au diable la robe de
chambre et la calotte conjugale!... Vive la liberté!...
(Il sort par la première porte à droite.)

SCÈNE V

MADAME DUTILLEUL; puis EDOUARD.

MADAME DUTILLEUL, tombant assise sur le fauteuil à droite de la cheminée.

Oh! le méchant homme... Quel affreux caractère... me traiter ainsi!... (Se levant et descendant la scène.) Moi, qui suis si bonne, si facile à vivre... moi, qui l'entoure de soins, d'égards et de tendresse... moi, qui ne le quitte pas d'un seul instant. Oh! j'étouffe de colère. Mais patience... je me vengerai; je jouirai de ma jeunesse, de ma liberté... j'irai au bal tout l'hiver... j'aurai les plus riches toilettes... On parlera de moi... on me fera la cour... je deviendrai une femme à la mode, une franche coquette... Il le saura et il en mourra de dépit. (Elle s'assied près du guéridon de gauche.) Oh!... si je trouvais une bonne occasion...

UNE VOIX, en dehors.

Madame?...

MADAME DUTILLEUL, se levant tout à coup.

Quoi? j'ai cru qu'il m'appelait... (Se rasseyant.) Ah! bien oui... il ne pense guère à moi... il s'habille pour aller à quelque rendez-vous d'amour... Me quitter ainsi... m'abandonner... je lui ferai payer cher...

LA VOIX.

Madame, madame?...

MADAME DUTILLEUL, se levant.

Que veut dire ceci!... on m'appelle... (Elle regarde.) Personne...

LA VOIX.

Daignez m'entendre.

MADAME DUTILLEUL.

Cette fois je ne me trompe pas, on a parlé (Elle va à la fenêtre du côté droit.) C'est par ici... (Elle soulève le rideau.) Qu'ai-je vu!... un jeune homme! — Il est fort bien... l'air sentimental... Ah! monsieur Dutilleul!... Qu'est-ce que cela veut dire? Il me fait signe d'ouvrir ma fenêtre .. Oh! c'est impossible... Mon Dieu! comme il est pressant!... Il s'agit peut-être de lui rendre un grand service... Je ne puis pourtant pas désoler un voisin, car c'est mon voisin... D'ailleurs, monsieur Dutilleul mérite-

t-il cette réserve exagérée de ma part ?... après sa conduite !... Allons, n'hésitons pas. (Elle ouvre la fenêtre de droite.)

EDOUARD, à la fenêtre en face.

Oh ! merci, merci, madame.

MADAME DUTILLEUL, avec effroi.

Parlez plus bas, monsieur.

ÉDOUARD.

Ne craignez rien, madame, personne ne peut nous entendre... toutes les fenêtres sont fermées... Ah ! que vous
êtes bonne de m'avoir répondu !

MADAME DUTILLEUL.

Votre voix était si pressante... j'ai cru qu'un danger
vous menaçait... car autrement...

ÉDOUARD.

Madame, vous voyez le plus amoureux des voisins.

MADAME DUTILLEUL.

Monsieur !

ÉDOUARD.

Et le plus malheureux des hommes.

MADAME DUTILLEUL.

Monsieur !..

ÉDOUARD.

Oh! écoutez-moi, je vous en conjure... celle que j'aime
st la plus noble, la plus belle...

MADAME DUTILLEUL.

Au nom du ciel, monsieur, taisez-vous !

ÉDOUARD.

Soyez tranquille, personne ne nous entend... Oui, de-
uis un mois, depuis que j'habite cette maison si près
e la sienne, l'amour le plus ardent s'est emparé de mon
me.

MADAME DUTILLEUL, à part.

Comme il y va !

ÉDOUARD.

Vous êtes trop bonne pour ne pas me comprendre...
e que l'on m'a dit de vous, madame, pouvait seul m'en-
ardir à vous faire cet aveu.

MADAME DUTILLEUL.

Mais celle que vous aimez, monsieur, est-elle libre, pour
pondre à votre amour?

ÉDOUARD.

Hélas! madame, elle ne l'est pas... de là mes douleurs,
on désespoir! Elle souffre, elle aussi... je le sais... je

voudrais l'enlever à la tyrannie qui l'opprime... me faire son libérateur; par malheur, moi-même, je suis enchaîné.

MADAME DUTILLEUL, à part.

Ah!... c'est un homme marié!...

ÉDOUARD.

Mon oncle a surpris mon secret... il m'épie, me surveille... mes lettres sont interceptées... impossible d'arriver à elle!

MADAME DUTILLEUL, à part.

Pauvre jeune homme! comme il m'aime!

ÉDOUARD.

Il faut que mon sort se décide aujourd'hui même... madame... (On entend tomber une chaise.)

MADAME DUTILLEUL, effrayée.

Ciel!... c'est mon mari... Rentrez, monsieur, retirez-vous, ou je suis perdue!

ÉDOUARD.

Encore un mot... un seul.

MADAME DUTILLEUL.

Impossible.

ÉDOUARD.

Mais...

MADAME DUTILLEUL.

Il n'y a pas de mais...

ÉDOUARD.

Prenez cette lettre, et vous saurez. (Il jette une lettre aux pieds de madame Dutilleul, qui ferme vivement sa fenêtre.)

MADAME DUTILLEUL.

Quelle aventure!... Ah! mon Dieu! comme le cœur me bat! Et cette lettre que je laisse là... j'aurais bien voulu la lire... (Elle la ramasse.) Voyons... (Prêtant l'oreille à droite.) C'est monsieur Dutilleul... Où cacher ce billet, il ne faut pas qu'il le voie... là... dans ma corbeille à ouvrage! (Elle met la lettre dans sa corbeille à ouvrage, et vient s'asseoir près du guéridon de gauche.) Et maintenant, remettons-nous.

SCÈNE VI

MADAME DUTILLEUL, DUTILLEUL.

DUTILLEUL, entrant par la première porte à droite.

Je ne m'attendais pas à vous retrouver ici, madame.

MADAME DUTILLEUL.

Je vous croyais parti, monsieur.

DUTILLEUL.

Oh! je le comprends, madame, vous avez hâte de vous débarrasser de ma présence.

MADAME DUTILLEUL.

De votre côté, monsieur, vous seriez fort aise de ne plus supporter la mienne.

DUTILLEUL.

Vous êtes un excellent interprète de ma pensée, madame.

MADAME DUTILLEUL, se levant.

Je sais, monsieur, que nos sentiments marchent de front.

DUTILLEUL.

De front! de front! vous rêviez, sans doute, à une nouvelle édition illustrée de ce mot-là... de front!...

MADAME DUTILLEUL, allant à lui.

Tenez, monsieur, vous me faites pitié, mais je me vengerai! (Elle passe à droite.)

DUTILLEUL. *

Vous me croyez jaloux, peut-être... Ah ! bien oui, moi jaloux... quelle erreur!... Mais je vous verrais là, sous mes yeux, parlant d'amour au premier venu de bonne mine, que je ne serais pas plus ému que cette bobine de soie ! (Il va pour mettre la main dans la corbeille à ouvrage ; madame Dutilleul fait un mouvement d'effroi.)

MADAME DUTILLEUL.

Et moi, monsieur, je vous saurais aux pieds d'une femme charmante, que je serais aussi calme que ce vase de Sèvres. (Elle approche sa main du vase de droite.)

DUTILLEUL, faisant un mouvement.

Reste à savoir s'il est en pâte ferme.

MADAME DUTILLEUL.

Qu'il soit comme il lui plaira... peu importe.

DUTILLEUL.

Donc, n'étant jaloux ni l'un ni l'autre, nous nous quittons sans regret.

MADAME DUTILLEUL.

Oh ! sans regret.

* Dutilleul, Mme Dutilleul.

DUTILLEUL, à part.

Je ne voudrais pourtant pas qu'elle vît la lettre de ma voisine.

MADAME DUTILLEUL, à part.

Je ne voudrais pourtant pas qu'il trouvât le billet de mon voisin.

DUTILLEUL, à part.

Est-ce qu'elle ne va pas sortir?

MADAME DUTILLEUL, à part.

Est-ce qu'il ne va pas s'en aller?

DUTILLEUL.

Je ne vous retiens pas, madame.

MADAME DUTILLEUL.

Je ne vous prie pas de rester, monsieur. (Elle redescend la sècne.)

DUTILLEUL.

Soyez heureuse, madame, je pars. (Il passe à droite.)

MADAME DUTILLEUL, passant à gauche. *

Soyez satisfait, monsieur, je m'en vais.

* Mme Dutilleul, Dutilleul.

DUTILLEUL.

Adieu, madame.

MADAME DUTILLEUL.

Adieu, monsieur. (Ils remontent lentement le théâtre, Dutilleul vers la droite, madame Dutilleul vers la gauche, en se regardant de temps en temps; puis ils s'arrêtent et ont l'air de chercher quelque chose.)

DUTILLEUL.

C'est incroyable.

MADAME DUTILLEUL.

C'est étrange.

DUTILLEUL.

Impossible de les retrouver.

MADAME DUTILLEUL.

Impossible de mettre la main dessus.

DUTILLEUL.

Je ne puis pourtant pas m'en passer.

MADAME DUTILLEUL.

Je ne veux pourtant pas le laisser ici. Il ne serait pas dans la poche de votre habit?

DUTILLEUL.

Quoi donc?

MADAME DUTILLEUL.

Mon éventail ?

DUTILLEUL.

Elles ne seraient pas dans la poche de votre robe ?

MADAME DUTILLEUL.

Quoi donc ?

DUTILLEUL.

Mes bretelles ?

MADAME DUTILLEUL.

Vous êtes fou, monsieur.

DUTILLEUL, passant à gauche.

Vous perdez l'esprit, madame.

MADAME DUTILLEUL.*

Il me le faut !... (Elle s'assied sur la causeuse.)

DUTILLEUL, s'asseyant près du guéridon de gauche.

Je les veux ! (Moment de silence. — Se levant et allant près de
madame Dutilleul.) Si mes bretelles avaient été brodées par
vous, j'y tiendrais fort peu,.. mais elles ont été achetées
chez Boivin, elles me coûtent vingt-cinq francs, je ne

---

* Dutilleul, Mme Dutilleul.

saurais m'en séparer... Encore une fois, madame, je veux mes bretelles. (Il va se rasseoir près du guéridon de gauche.)

MADAME DUTILLEUL, se levant et s'approchant de Dutilleul.

Monsieur, si cet éventail m'avait été donné par vous, j'en ferais peu de cas, mais je l'ai payé chez Giroux soixante francs, il m'est précieux... Encore une fois, monsieur, je veux mon éventail. (Elle va se rasseoir sur la causeuse.)

DUTILLEUL.

Mais vous savez bien, madame, que vous ne vous servez jamais d'éventail.

MADAME DUTILLEUL.

Mais vous savez bien, monsieur, que vous ne portez jamais de bretelles... Qui est-ce qui porte des bretelles ?... •

DUTILLEUL, furieux.

J'en porterai, madame.

MADAME DUTILLEUL.

Je me servirai d'un éventail, monsieur. (Moment de silence.—Tout à coup, ils se lèvent tous les deux et vont à la cheminée tirer les cordons de la sonnette.)

JACQUES, entrant par la deuxième porte à droite. *

Monsieur et madame appellent ?

* Dutilleul, Mme Dutilleul, Jacques

MADAME DUTILLEUL.*

Jacques, passez chez Boivin et achetez-moi une paire de bretelles pour monsieur. (Elle va s'asseoir près du guéridon de gauche.)

DUTILLEUL.

Jacques, courez chez Duvelleroy, et choisissez un éventail pour madame. (Il va s'asseoir sur la causeuse. — Jacques sort par la deuxième porte à droite.)

MADAME DUTILLEUL.**

Pourvu qu'il soit à mon goût.

DUTILLEUL.

Pourvu qu'il ne me les prenne pas trop courtes. (Ils gardent le silence un instant.)

ÉDOUARD, en dehors.

Madame?

MADAME DUTILLEUL, tressaillant.

Qu'est-ce?...

HORTENSE, en dehors.

Monsieur?

* Mme Dutilleul, Dutilleul, Jacques.
** Mme Dutilleul. Dutilleul.

DUTILLEUL, très-ému.

Plaît-il ?

MADAME DUTILLEUL.

Vous m'appelez, monsieur ?

DUTILLEUL.

Vous me parlez, madame ?

MADAME DUTILLEUL.

Nullement.

DUTILLEUL.

En aucune façon.

ÉDOUARD, en dehors.

Madame.

HORTENSE, de même.

Monsieur. (Dutilleul et sa femme se retournent, et tous deux s'interrogent avec inquiétude.)

MADAME DUTILLEUL.

Vous dites, monsieur ?

DUTILLEUL.

Vous dites, madame ?

MADAME DUTILLEUL.

Rien.

DUTILLEUL.

Rien.

ÉDOUARD, en dehors.

Veuillez m'écouter.

HORTENSE, de même.

Daignez m'entendre.

DUTILLEUL.

Mais vous me parlez, madame.

MADAME DUTILLEUL.

Mais vous m'adressez la parole, monsieur.

ÉDOUARD et HORTENSE, en dehors et parlant ensemble.

Monsieur?... Madame?

DUTILLEUL, se levant ainsi que sa femme.

Les fenêtres parlent... En voici bien d'une autre. (Il va à la croisée de droite; sa femme court à celle de gauche. Dutilleul regarde par le carreau.) Un jeune homme!

MADAME DUTILLEUL, de même.

Une jeune fille!

DUTILLEUL, à sa femme.

Il est fort bien, madame, je vous en félicite.

MADAME DUTILLEUL.

Elle est très-jolie, monsieur, je vous en fais mon sincère compliment.

DUTILLEUL, à part, descendant la scène.

Il paraît que les maisons voisines s'occupent du placement des amoureux des deux sexes... Ah! ma femme avait un voisin!

MADAME DUTILLEUL, à part, descendant la scène.

Ah! mon mari avait une voisine!

DUTILLEUL, s'approchant de sa femme.

Vous aimez les bruns, madame?

MADAME DUTILLEUL.

Vous courtisez les blondes, monsieur? On se dit qu'on s'adore de fenêtre à fenêtre... c'est très-commode.

DUTILLEUL.

On se jure un amour éternel de balcon à balcon... c'est très-ingénieux.

MADAME DUTILLEUL.

Tenez, monsieur, vous êtes un fat.

DUTILLEUL.

Et vous, madame, une franche coquette.

MADAME DUTILLEUL.

Il vous sied bien de m'accuser, perfide.

DUTILLEUL.

Il vous convient bien de m'adresser des reproches, infidèle.

MADAME DUTILLEUL, remontant à la fenêtre de gauche.

Voyons si elle soutiendra mes regards.

DUTILLEUL, remontant à celle de droite.

Voyons s'il supportera ma présence. (Ils ouvrent les fenêtres; celles d'en face se referment immédiatement.)

MADAME DUTILLEUL.

La colombe de monsieur a fui; j'en étais sûre.

DUTILLEUL.

Le ramier de madame s'est envolé; je m'en doutais.

MADAME DUTILLEUL.

Effrontée!

DUTILLEUL.

Blanc-bec!

MADAME DUTILLEUL., quittant la fenêtre.

Eh! bien, monsieur, m'avez-vous assez convaincue de vos trahisons?

DUTILLEUL, de même.

Eh! bien, madame, m'avez-vous assez prouvé que je suis?...

MADAME DUTILLEUL.

Je me vengerai! (Elle s'assied près du guéridon de gauche.)

DUTILLEUL.

Et moi donc! (Il s'assied sur la causeuse.)

MADAME DUTILLEUL.

Voilà un joli début.

DUTILLEUL.

Cela promet.

MADAME DUTILLEUL.

Comme il fait froid! (Elle tousse et éternue.)

DUTILLEUL.

L'air est glacial! (Il éternue.)

MADAME DUTILLEUL.

Fermez donc la fenêtre, monsieur.

DUTILLEUL.

Poussez donc la croisée, madame. (Ils se lèvent et vont aux fenêtres; Dutilleul ferme celle de droite, et madame Dutilleul celle de gauche; puis ils redescendent.)

DUTILLEUL.

Y a-t-il longtemps, madame, que votre cœur habite au fond de la cour, au second étage, entre deux giroflées défleuries?

MADAME DUTILLEUL.

Me direz-vous, monsieur, depuis quand le vôtre s'est logé au même étage, entre deux hortensias mourants?

DUTILLEUL.

Je ne conserve point le calendrier de mes amours.

MADAME DUTILLEUL, se rasseyant près du guéridon de gauche.

Ni moi celui de mes sentiments.

DUTILLEUL.

Vous auriez peur d'y retrouver la date de vos bontés pour moi.

MADAME DUTILLEUL.

Et vous celle de vos perfides serments.

DUTILLEUL.

Mon Dieu, madame... puisque nous tenons à cet appartement, vous à cause de la rive droite, et moi à cause de la rive gauche... nous pourrions tout concilier à l'aide d'une simple cloison. Tenez, si vous voulez, ce salon sera divisé en deux contrées. A vous, madame, le côté des moustaches.

MADAME DUTILLEUL, se levant.

A vous, monsieur, le côté des yeux bleus.

DUTILLEUL.

Voulez-vous bien me permettre de rentrer chez moi ?

MADAME DUTILLEUL.

J'allais vous adresser la même demande. (Ils se saluent.) Monsieur.

DUTILLEUL.

Madame. (Il passe à gauche ; madame Dutilleul passe à droite et s'assied sur la causeuse.)

JACQUES, entrant par la deuxième porte à droite. *

Madame, voici vos bretelles. (Il lui remet un petit paquet.)

MADAME DUTILLEUL.

Merci.

* Dutilleul, Jacques, Mme Dutilleul.

JACQUES, à Dutilleul, lui donnant un étui.

Monsieur, voilà votre éventail.

DUTILLEUL.

C'est bien.

MADAME DUTILLEUL.

Laissez-nous.

DUTILLEUL, qui apporte le guéridon de gauche au milieu du théâtre.

Va-t'en... Ah ! à propos, tu feras monter un menuisier.

JACQUES.

Un menuisier !

DUTILLEUL.

Oui, animal. (Jacques sort par la deuxième porte à droite. — A sa femme.) * Madame, vous plaît-il de prendre votre éventail ?

MADAME DUTILLEUL, se levant.

Monsieur, vous convient-il de recevoir vos bretelles ?
(Ils échangent les paquets.)

MADAME DUTILLEUL, jetant l'éventail sans le regarder.

Cet éventail est hideux.

* Dutilleul, Mme Dutilleul.

DUTILLEUL, qui a ouvert le paquet.

Ces bretelles sont atroces. (Il les jette sur le guéridon ; puis il prend une chaise et la pose violemment près du guéridon du côté gauche ; madame Dutilleul fait le même jeu du côté droit, et ils s'asseyent en se tournant le dos.)

MADAME DUTILLEUL.

Vous avez l'air furieux, monsieur.

DUTILLEUL.

Je suis heureux d'avoir ce point de ressemblance avec vous, madame.

MADAME DUTILLEUL.

Ce n'est pas ma faute si Jacques est un maladroit.

DUTILLEUL.

Si votre domestique est une bête, je n'en suis pas cause.

HORTENSE, en dehors.

Monsieur ?

MADAME DUTILLEUL.

On vous appelle, monsieur.

ÉDOUARD, en dehors.

Madame ?

DUTILLEUL.

On vous demande, madame.

MADAME DUTILLEUL.

Oh ! ne vous gênez pas, je vous en prie.

DUTILLEUL.

Faites comme si je n'étais pas là.

MADAME DUTILLEUL.

Vous avez raison, monsieur, figurons-nous que la cloison existe déjà.

DUTILLEUL, à part, se levant.

Soyons éloquent et passionné, elle enragera... (Il remonte et va ouvrir la fenêtre de gauche.)

. MADAME DUTILLEUL, à part, se levant.

Soyons tendre et expansive. Il étouffera de colère. (Elle
remonte et va ouvrir la fenêtre de droite.)

DUTILLEUL, à Hortense qui est à sa fenêtre.

Chère voisine, enfin je vous revois !

MADAME DUTILLEUL, à Edouard qui est à sa fenêtre.

Cher voisin, enfin je vous retrouve !

DUTILLEUL.

Que cet instant m'est précieux !

MADAME DUTILLEUL.

Que cette heure m'est agréable !

HORTENSE.

Apprenez...

ÉDOUARD.

Sachez...,

HORTENSE.

Que ma tante consent à notre mariage.

ÉDOUARD.

Que mon oncle souscrit à notre union.

HORTENSE.

Mon bonheur est certain.

ÉDOUARD.

Ma joie est assurée.

HORTENSE.

J'épouse celui que j'aime !

ÉDOUARD.

Je vais être le mari de celle que j'adore !

HORTENSE.

Ne faites pas parvenir ma lettre.

ÉDOUARD.

N'envoyez pas mon billet.

HORTENSE.

Merci, mon bon voisin.

ÉDOUARD.

Merci, mon excellente voisine.

HORTENSE.

Adieu... Je cours recevoir M. Édouard Chauvillan.

ÉDOUARD.

Adieu, je vais retrouver mademoiselle Solanges. (Hortense et Édouard ferment leurs fenêtres.)

DUTILLEUL, à part, fermant sa fenêtre.

C'était donc pour lui?

MADAME DUTILLEUL, à part, fermant la sienne.

C'était donc pour elle?

DUTILLEUL, à part.

Ne faites pas parvenir ma lettre.

MADAME DUTILLEUL, à part.

N'envoyez pas mon billet.

DUTILLEUL, à part.

Et moi qui croyais...

MADAME DUTILLEUL, à part.

Et moi qui supposais... (Ils vont prendre les lettres dans le vase et dans la corbeille.)

DUTILLEUL, à part, lisant la lettre.

« Mon cher Édouard. » Je m'appelle Raoul... pas moyen de s'y méprendre.

MADAME DUTILLEUL, de même.

« Ma chère Hortense. » Je me nomme Marguerite... impossible d'en douter.

DUTILLEUL, à part.

Quelle mystification !

MADAME DUTILLEUL, à part.

Quelle méprise ! (Il se tournent le dos d'un air piteux. Madame Dutilleul va s'asseoir sur la causeuse.)

DUTILLEUL, à part, se rappelant, en regardant l'adresse de la lettre.

Chauvillan... Édouard Chauvillan !... mon ancien rival... Ah ! monsieur, il fallait encore servir vos amours

avec la plus adorable des voisines... Dupé dans le passé,
et commissionnaire dans le présent !

MADAME DUTILLEUL, regardant l'adresse de sa lettre.

Mademoiselle Hortense Solanges... Je connais ce nom-
là... Oui, autrefois, en pension... Et je ne l'ai pas recon-
nue !... Au lieu d'être l'héroïne d'un roman sentimental,
j'allais devenir la petite poste d'une intrigue amoureuse...
Pauvre Hortense, elle se marie, tant pis...

DUTILLEUL, à part.

Chauvillan, te voilà de la confrérie, tant mieux.

MADAME DUTILLEUL, se levant, à part.

M. Dutilleul doit se réjouir de l'aventure.

DUTILLEUL, à part.

Madame Dutilleul doit être enchantée du quiproquo.

MADAME DUTILLEUL, à part.

Après tout, il n'est pas coupable.

DUTILLEUL, à part.

Après tout, elle n'est pas infidèle.

MADAME DUTILLEUL, à part.

Peut-être m'aime-t-il encore.

DUTILLEUL, à part.

Peut-être m'aime-t-elle toujours.

MADAME DUTILLEUL, à part.

M. Dutilleul est un très-joli homme.

DUTILLEUL, à part.

Madame Dutilleul est une très-jolie femme.

MADAME DUTILLEUL, à part.

Si j'osais...

DUTILLEUL, à part.

Si je m'en croyais...

MADAME DUTILLEUL, à part.

Pas de fausse honte.

DUTILLEUL, à part.

Pas de sot orgueil.

MADAME DUTILLEUL, à part, se rapprochant.

Franchissons la frontière.

DUTILLEUL, de même.

Abordons l'ennemi. (Arrivés près l'un de l'autre, ils s'arrêtent dos à dos.)

MADAME DUTILLEUL.

Eh bien! monsieur ?

DUTILLEUL.

Eh bien! madame ?

MADAME DUTILLEUL.

Ils vont être heureux.

DUTILLEUL.

Ils sont jeunes, aimables, de bonne mine, et ils s'aiment.

MADAME DUTILLEUL.

Est-ce que vous me détestez, monsieur?

DUTILLEUL.

Est-ce que vous me haïssez, madame?

MADAME DUTILLEUL.

Hum! vous savez bien que je vous aime, ingrat.

DUTILLEUL.

Hum! vous savez bien que je vous adore, méchante.
(Ils se retournent en face l'un de l'autre.)

MADAME DUTILLEUL.

Nos voisins se rapprochent...

DUTILLEUL.

Si nous faisions comme eux. (Madame Dutilleul sourit, M. Dutilleul lui saute au cou; mais au moment de l'embrasser il s'arrête. Ah! un instant... ma bonne amie...

MADAME DUTILLEUL.

Quoi?

DUTILLEUL.

Tout à l'heure...

MADAME DUTILLEUL.

Qu'as-tu donc?

DUTILLEUL.

Laisse-moi éternuer. (Il éternue.)

MADAME DUTILLEUL.

Ah! tant que tu voudras, mon ami.

DUTILLEUL.

Et maintenant, si l'on te demande où j'ai gagné ce rhume-là, tu répondras...

MADAME DUTILLEUL.

Au coin du feu.

FIN.

Paris. — Typ. de Mᵐᵉ Vᵉ Dondey-Dupré, rue Saint-Louis, 46.

25

www.ingramcontent.com/pod-product-compliance
Lightning Source LLC
LaVergne TN
LVHW022013080426
835513LV00009B/701